NOTICE HISTORIQUE

SUR LA

COMMUNE ET LA SEIGNEURIE

DE

CAULINCOURT

Par l'Abbé Paul DE CAGNY,

ASSOCIÉ CORRESPONDANT DE LA SOCIÉTÉ DES ANTIQUAIRES DE FRANCE,
MEMBRE TITULAIRE DE CELLE DES ANTIQUAIRES DE PICARDIE,
ET AUTRES.

AMIENS,
IMPRIMERIE DE LENOEL-HEROUART,
RUE DES RABUISSONS, 30.

1872.

* (*Extrait de la* Picardie).

NOTICE HISTORIQUE

SUR LA COMMUNE ET LA SEIGNEURIE DE

CAULINCOURT-EN-VERMANDOIS

(HAUTE-PICARDIE *).

I

Commune de Caulincourt.

Les Gaulois (on le sait) se fixaient de préférence sur les bords ombragés des fleuves et des rivières. La position de l'antique localité de *Caulincourt* sur la rive de l'Aumignon permettrait seule, sans en avoir la preuve certaine, de lui supposer une origine celtique se perdant dans la nuit des siècles. On pourrait encore attribuer le principe de cette habitation, au temps même où les Romains occupaient leur camp voisin de Vermand. Dans cette hypothèse, il faudrait se hasarder d'expliquer *Colencuria*, la plus ancienne dénomination qu'on en trouve, par les mots *colenda*, digne de vénération, et *curia*, temple, d'après Varron, où ces idolâtres se réunissaient pour offrir des sacrifices à leurs fausses divinités. On serait mieux fondé néanmoins en plaçant le berceau de ce village à l'époque romane, ou française, comme l'indiquerait le radical de ce nom de lieu : *collina*, *collis*, colline ; et aussi *caula*, parc, et *colax* signifiant forteresse dans l'idiome de la langue romane, avec la finale commune de *curtis*. Le premier titre relatif à ce lieu le désigne, il est vrai, par *Colencuria, Colencurt* en 1150, mais généralement il est appelé Caulincourt, Colincourt, au moyen-âge, et même Collincourt dans le Pouillé de la province Métropolitaine de Reims, en date de 1648. C'est donc à tort qu'au commencement de notre siècle on a modifié l'orthographe de ce nom de lieu, en écrivant *Caulaincourt.*

Selon toute vraisemblance, les comtes de Vermandois avaient élevé, dans cette position favorable et rapprochée de Saint-Quentin, une maison de plaisance à laquelle fut préposé un de leurs officiers qui, dans la suite, obtint, ou usurpa, le domaine et le titre de seigneur de Caulincourt, et donna ainsi naissance à la famille de ce nom. A la simple maison de plaisance fut substituée la forteresse féodale, autour de laquelle vinrent s'abriter les serfs et les colons de ce domaine. Plus tard, soit à cause des avantages offerts par le nouveau seigneur, soit par suite de la ruine des villages voisins Trefcon, Cauvigny, Verchy et Saint-Martin-des-prés, de plus nombreuses habitations s'élevèrent sur la colline, au pied de laquelle la rivière d'Aumignon commence à étendre ses rives et à serpenter vers le fleuve de la Somme. Dans nos pays, un grand nombre de paroisses ont dû leur origine à des colonies religieuses, à des prieurés, etc. Pour Caulincourt, l'antique château-fort, bâti sur l'Aumignon, paraît avoir été l'origine du village qui aujourd'hui même est encore redevable à ses seigneurs de son illustration et de sa prospérité !

On lira avec intérêt, sans doute, la charte suivante en date de 1150 : c'est le document le plus ancien relatif à cette commune, ressortissant, avant 1789, au bailliage de Saint-Quentin, à l'Election de Péronne et à l'intendance d'Amiens.

De Balduino de Colencuria. In nomine Sancte et individue Trinitatis. Que donantur eterno principi rata debent et firma vivere, neque licet a posteris infirmari. Notum igitur sit presentibus et futuris, quod ego Balduinus, Colencurie Dominus, assensu uxoris mee Aelidis et liberorum meorum, pro remedio anime mee, pro animabus quoque antecessorum et successorum meorum, remitto ecclesie Beate Marie de Valleclara, Guïonagium sex karrorum, in perpetuum, quod meum proprium est, quolibet anno una vice eundo et redeundo quidquid karri predicti ducant ad usus predicte domus. Laudo etiam venditionem quam Radulfus, miles de Colencurt, pater meus, predicte ecclesie fecit de omnibus que habebat apud Avals. Cujus venditionis testes fuerunt : Hugo, comes de Ruceio ; Hugo, miles de La Fère ; et Ado, miles de Belru. Ut autem hec presens mea donatio et elemosina rata et inconcussa permaneat, Sigilli mei impressione et testium subscriptione feci communiri.

Sunt testes Stephanus de Sturmel, Galterus, Burellus, Radulphus Danvin et Robardus de Agneus. Actum anno Incarnationis Dominice M°. C°. L.

Charte de Baudoin de Colincourt.

Au nom de la sainte et indivisible Trinité. Les dons faits à l'éternel doivent rester fermes et assurés ; il n'est point permis à nos descendants de les révoquer. Sachent donc tous, présents et à venir, que moi, Baudouin, seigneur de Colincourt, du consentement d'Alix, ma femme, et de mes enfants, pour le repos de mon âme, et aussi pour les âmes de mes prédécesseurs et de mes successeurs, je concède à perpétuité à l'église Sainte-Marie de Vauclair (1) la remise du droit de charroi qui m'appartient pour six voitures allant et venant, une fois chaque année, chargées des objets destinés aux besoins de cette maison. J'approuve aussi la vente que mon père Raoul, chevalier de Colincourt, a faite à

(1) *Vauclair*, abbaye d'hommes, ordre de Citeaux, au diocèse de Laon (*Aisne*) : au dernier siècle, abbé Dom Bricard ; revenu 15,000 livres.

ladite église de tous les biens qu'il possédait à Avals (Vaux). Les témoins de cette cession furent Hugues, comte de Roucy ; Hugues chevalier de La Fère, et Adon, chevalier de Belru. Mais pour que cette présente donation et aumône demeure ratifiée et inviolable, je l'ai fait confirmer par l'apposition de mon sceau et par la souscription des témoins.

Sont témoins : Etienne d'Estourmel (1) : Gautier Burelle : Raoul Danvin et Robard d'Agneus.

Fait l'an de l'incarnation de Notre Seigneur onze-cent cinquante. (Délivré pour copie conforme par A. Borel d'Hauterive, archiviste-paléographe, à Paris, le 4 février 1850).

On a pu supposer, d'une manière assez plausible, que les puissants comtes de Vermandois avaient établi une villa de plaisance à Caulincourt, dans cette délicieuse vallée d'Aumignon, où se trouvait également le palais mérovingien d'Athies (2) et à Ville-l'Evêque, la maison de campagne des premiers pontifes de Vermand. Dès le principe, ces comtes auront élevé, ou substitué à un temple payen, une chapelle castrale, sous l'invocation de Saint-Quentin, pour le service religieux de leurs serviteurs et de leurs serfs convertis au christianisme. Mais on ne saurait guère assigner une époque plus reculée que celle du XIe siècle à l'érection même de la paroisse, lorsque la localité eut obtenu plus d'importance par l'accroissement de sa population. Ce qui est plus certain, c'est que les évêques du Vermandois, après avoir transféré leur siége dans la ville de Noyon, accordèrent l'autel et

---

(1) Voir la *Notice sur la maison d'Estourmel*, par l'abbé P. De Cagny, Péronne, 1857.

(2) Les circonstances relatives à ce palais et à Sainte Radegonde qui l'habita sont consignées à l'article *Athies*, 2e vol. de l'*Histoire de l'arrondissement de Péronne*, par le même.

la dîme de cette paroisse aux chanoines de leur église Cathédrale. On lit ailleurs (1) qu'une chapelle vicariale, du titre de Saint-Gilles, transférée du chateau de Ronsoy dans la Cathédrale de Noyon, depuis 1592, possédait le tiers de la dîme de Caulincourt, avec la charge d'une partie des restaurations du chœur de l'église et d'une subvention annuelle de 20 livres au curé de cette paroisse. Toutefois les chanoines avaient cédé un tiers de leurs droits sur toute la dîme, en faveur des Prémontrés, dès la fondation de leur ordre dans nos contrées. Dès lors, ces religieux y auraient formé un établissement particulier pour la desserte de la cure, sous le patronage des chanoines de Noyon? ce n'est point invraisemblable; mais depuis bien des siècles, on n'y découvre que des curés séculiers, toujours à leur nomination. Joseph Lardenaire possédait ce bénéfice avant la révolution de 1789. De 1815 à 1839, la cure fut occupée par Charles-François Piette, qui se retira à Ablaincourt (*Somme*) où son frère, dit le prieur, avait laissé de précieux souvenirs de son ministère pendant de longues années.

C'est sous l'administration de l'abbé Charles-François Piette, que le duc de Vicence Ier fit élever une nouvelle église pour remplacer l'ancienne, du XIVe siècle environ, qui tombait en ruines et était devenue insuffisante, à cause de l'augmentation progressive du nombre des habitants. Alors malheureusement la réaction archéologique n'exerçait pas encore son influence favorable sur notre pays; les architectes avaient conservé les idées étroites de la fin du XVIIIe siècle; par la crainte inepte d'attirer la foudre, on allait jusqu'à refuser aux temples catholiques ces majestueux clochers, ces flèches pyramidales surmontées du signe de la Rédemption, si propres à élever l'âme vers le ciel et à signaler au voyageur un pays où le christianisme a répandu ses bienfaits! et cette construction nouvelle se ressentit des préjugés de l'époque. Elle ressemble plutôt à un édifice profane qu'à un monument

(1) Colliette, *Mém. du Verm.* t. II, page 98. Pouillé, t. III, p. 33.

religieux. Cette circonstance d'ailleurs ne saurait porter atteinte au zèle et à la munificence du fondateur, auquel la commune est encore redevable de son nouveau cimetière.

L'ancienne église renfermait une chapelle seigneuriale avec un caveau destiné à la sépulture de la famille de Caulincourt : les tombeaux en furent profanés par les Vandales de 1793. Une autre chapelle castrale fut annexée au nouvel édifice religieux ; et l'on y voit les épitaphes de plusieurs membres plus modernes de cette illustre maison.

En 1845, une chapelle particulière de la sainte Vierge fut élevée dans la paroisse par le concours de M. le duc de Vicence, IIe du nom, et de plusieurs autres habitants de la localité. Enfin en 1856, eut lieu l'inauguration solennelle d'un tableau distingué dont Madame Louise-Adrienne Perrin de Cypierre, duchesse de Vicence, faisait présent à l'église qui avait déjà reçu de la générosité des châtelains ses principales ornementations.

On ne trouve pas de charte relative à l'affranchissement de la commune de Caulincourt : néanmoins il est vraisemblable que les seigneurs de ce lieu, à l'exemple de tant d'autres, auront également accordé cet avantage aux habitants de leur domaine. Dans ces derniers temps, on a construit, en face du château, un édifice plus remarquable que l'église et comprenant la mairie, l'école et le logement de l'instituteur.

Cette paroisse de Caulincourt, de l'ancien doyenné d'Athies, se trouve dans le voisinage de Saint-Quentin et de Marteville (Martyris villa) dont en dernier lieu, le domaine appartenait à ses seigneurs. A Marteville, un ancien Pouillé de 1648 signale encore un hôpital important, de trois mille livres de revenu, et dit des *Enflés* qui venaient y invoquer Saint-Quentin pour leur guérison. L'Evêque diocésain en avait la nomination exclusive et la possession.

II.

Château de Caulincourt.

Comme on l'a vu plus haut, l'antique forteresse de Caulincourt devint le berceau du village de ce nom. Au témoignage de Rousseville, elle était antérieure au XIIe siècle, et s'élevait probablement sur les bords de la rivière d'Aumignon qui alimentait de ses eaux les fossés profonds de son enceinte. Avant l'usage du canon, ce Château-Fort n'était pas sans importance ; mais en 1557 les Espagnols, irrités contre Jean V de Caulincourt qui s'était montré l'un des plus braves défenseurs de Saint-Quentin, vinrent ruiner et réduire en cendres sa maison seigneuriale qui se trouvait dans le voisinage de cette ville. Il est vraisemblable qu'elle fut reconstruite après ce désastre ; néanmoins c'est de 1765 seulement que date la somptueuse habitation qu'on y admire aujourd'hui et qui fut élevée dans le goût et le style de cette époque. Le grand duc a considérablement rehaussé la magnificence de ce château par de riches ornementations à l'intérieur, et par les élégantes annexes qui en embellissent les abords. Il lui a ouvert un accès plus facile, au moyen de différentes routes dans l'entreprise et le perfectionnement desquelles, lui et M. le duc son fils, ont déployé une munificence et un zèle vraiment dignes de la reconnaissance du pays !

Le château de Caulincourt, avec son lac, ses jardins et son parc, est encore l'une des plus belles habitations seigneuriales de la province.

Par la concession bienveillante du châtelain, ce parc immense et ombragé devient souvent un but de promenade et de récréation champêtre pour les habitants de Saint-Quentin.

Au commencement du XVIIIe siècle, les seigneurs de cette localité avaient encore, dans l'enceinte de cette ville, leur hospice ou maison de refuge, où ils se retiraient à l'époque des invasions ennemies, si fréquentes au moyen-âge.

III.

Maison de Caulincourt:

CHATELLENIE, MARQUISAT ET DUCHÉ (1).

Parmi les familles nobles de l'ancienne province de Picardie, plusieurs ont jeté un vif éclat, dès leur origine ; et après avoir figuré avec distinction aux croisades, aux tournois, aux batailles les plus célèbres, etc., elles ont disparu sans retour. D'autres n'ont conservé leurs armes et leur nom primordial que par le mariage d'une riche et unique héritière qui les imposait au gentilhomme destiné à devenir son époux. Quelques unes enfin, absolument déchues et appauvries, conservent à peine le souvenir de leur opulence et de leur noblesse primitives. Il n'en est pas ainsi de la célèbre Maison de Caulincourt-en-Vermandois : simple et modeste dans son berceau, elle s'est perpétuée sans interruption jusqu'à nos jours ; et ses aînés, depuis le XVIe siècle principalement, lui ont obtenu un accroissement progressif de gloire et de prospérité. C'est ainsi que l'on trouve successivement : en 1150, Baudouin de Caulincourt avec le seul titre de seigneur (*Dominus*) ; en 1460, Gilles avec celui d'écuyer ; en 1598, Robert avec celui de chevalier ; en 1714, François-Armand avec celui de marquis ; et enfin en 1806, Armand-Augustin-Louis avec celui de duc de Vicence, lieutenant-général, sénateur, grand écuyer de France, etc.

En effet, la terre de Caulincourt, antique châtellenie, mouvante auparavant du comté et du marquisat de Nesle, comme le constatent différents reliefs de 1477, 1502 et 28 août 1522, fut érigée elle-

(1) Les renseignements qui vont suivre sont extraits de Moréri, du Nobiliaire de Rousseville, de la Biographie de Michaud, des Archives du château, etc. et aussi des Mémoires de Colliette, fort incomplets, et quelquefois inexacts.

même en marquisat, par lettres de décembre 1714 registrées en parlement et en la chambre des comptes de Paris, les 21 avril et 29 juillet 1715 ; puis à la date de 1806, en duché du titre de Vicence, en faveur d'Armand-Louis-Augustin, marquis de Caulincourt, pour reconnaître les services signalés qu'il avait rendus à la patrie !

Au reste, à diverses époques, la Maison de Caulincourt avait fourni la preuve de sa noblesse immémoriale, comme il ressort des citations suivantes :

1° Le 8 mai 1599, les commissaires députés par le roi pour le recouvrement des tailles (impôts), ont porté un jugement par lequel Robert de Caulincourt est reconnu noble et de noble race.

2° Le 28 août 1599, les élus de Saint-Quentin rendirent également une sentence constatant l'état noble du même Robert et, pour cette cause, le dispensant de la taille.

3° Le 8 novembre 1666, eut lieu un jugement de M. de Colbert, commissaire en la généralité d'Amiens, par lequel Louis de Caulincourt est dispensé de la production de ses titres de noblesse.

4° En 1702, François-Armand de Caulincourt, âgé de 33 ans, produisit de nouveau ses titres de noblesse, pour la vérification prescrite par le roi : ils furent admis sans contestation. Il a déclaré alors reconnaître de son nom et armes, outre ses enfants, Louis-Armand, son frère puîné qui jouissait comme lui des priviléges de la noblesse.

5° Des lettres-patentes de 1755 ont reconnu et confirmé la terre de Caulincourt comme très-ancienne châtellenie du Vermandois.

6° En 1767, Louis-Gabriel de Caulincourt présenta un Mémoire généalogique de sa famille, en conséquence des ordres du roi qui prescrivait un nouvel examen de la noblesse pour jouir des honneurs de la Cour, même pour les aspirants dont les pères y avaient été admis. Ce Mémoire fut examiné et adopté par M. de Beaugeon, généalogiste de la Cour.

La Maison de Caulincourt, on le voit, n'est pas d'époque moderne ;

elle jouissait déjà d'une noblesse ancienne et authentique, lorsque le titre de duché lui fut attribué, sous le premier Empire.

Armes : Caulincourt porte de sable, au chef d'or, avec deux sauvages pour support. Devise : *Désir n'a repos*. Le grand duc de Vicence semble avoir voulu remplacer cette ancienne devise par celle-ci : *Fais ce que dois, advienne que pourra !*

D'après les auteurs cités plus haut et autres documents historiques, a été disposé, d'une manière aussi complète que possible, le tableau généalogique et biographique suivant de tous les membres de la famille de Caulincourt, avec leurs alliances distinguées et les circonstances intéressantes qui les concernent.

Tableau généalogique et historique de la maison de Caulincourt.

Ire Génération.

RAOUL, *Chevalier*. — *Miles de Colencurt*. — Vers l'an 1000 ; 1er chef connu de cette famille, d'après la charte authentique de 1150 citée plus haut.

IIe Génération.

BAUDOUIN DE CAULINCOURT (1). — *Balduinus de Colencuria*. — auteur de ladite charte (1150) avec le seul titre de seigneur, *Dominus* : il la délivra, du consentement de sa femme Aëlide et de ses enfants.

IIIe Génération.

JEAN Ier DE C. et Raoul, son frère. L'an 1200, une transaction eut lieu entre Jean Ier de C. châtelain dudit lieu et seigneur de

(1) Par abréviation, le mot C. remplacera désormais Caulincourt.

Marteville, Vendelle et Jeancourt en partie, et les habitants de Fleschin qui se soumettaient à la banalité du moulin de C., à cause de la difficulté de moudre dans le leur (1). Sans être cités spécialement dans les annales des Croisades, il est vraisemblable néanmoins que les quatre châtelains précédents auront participé, à la suite de leurs suzerains, aux diverses expéditions pour la délivrance des Saints-Lieux.

IVe Génération.

JEAN II DE C. paraît en juin 1317 et en octobre 1321 :

1° Dans une transaction, ou sentence arbitrale, du 18 juin 1317, entre Jean de C., seigneur des mêmes lieux, sous l'autorité de Raoul de C. son oncle, et les mêmes habitants de Fleschin ; 2° dans un hommage du 17 octobre 1321 par lequel l'abbaye de Vermand donne audit Jean de C. homme vivant et mourant pour diverses terres mouvant dudit seigneur.

Ve Génération.

GAULTIER DE C. vers la fin du XIVe siècle. — Suivant les archives de C. Gaultier aurait épousé, en 1396, la fille de Willaume d'Estourmel et de Jehanne de Templeux, nommée Marie qui vécut peu d'années après son mariage. Celles de la maison d'Estourmel, au contraire, désignent Marie, deuxième enfant de Gérard II d'Estourmel-Vendville, comme l'épouse de Robert de Mailly, seigneur de Marquais, vers 1396. Robert était fils d'Alix de Noyelles, veuve du seigneur de Caulincourt, et de Guillaume de Mailly, dit Saladin, dont les frères et sœurs étaient au nombre de vingt-quatre. Enfin, d'après Colliette, Gaultier de C. se serait allié, avant 1400, à Jeanne de Béhurelle (famille éteinte). Après la

---

(1) Mém. du Vermand. t. III, page. 294, ou également l'hommage ci-dessous de 1321.

mort prématurée de Gaultier, sa veuve se maria en secondes noces, avec Henri de Sailly, de la célèbre famille de ce nom qui a passé dans celle des Montaigu, par l'unique héritière de Louis-Hector, marquis de Sailly en 1780.

Dans son testament du 7 octobre 1443, Jeanne de Béhurelle rappela à sa succession les enfants qui suivent et qu'elle avait eus de son premier mari.

VIe Génération.

Anne, Jacqueline et Pasquette de C. moururent sans postérité. Marie de C. fut religieuse en l'abbaye Sainte-Benoîte d'Origny (1).

GILLES Ier DE C. vers 1440. — Par son testament ci-dessus énoncé, Jeanne de Béhurelle avait donné à son fils Gilles, seigneur de C. et autres lieux, toutes les terres et rentes qu'elle possédait dans la prévôté de Saint-Quentin ; et à ses trois filles, ses biens de Varlep, Belloy-en-Santerre, Assevillers et Flaucourt. Gilles et Henri de Sailly, son beau-père, furent les exécuteurs de ce testament.

Le même Gilles accepte une sentence arbitrale du 22 juin 1448, par laquelle l'abbaye de Vermand est condamnée à payer

---

(1) Abbaye célèbre de Vermandois fondée à Origny, près de Ribemont (Aisne) au lieu même où sainte Benoîte fut martyrisée pendant la persécution de Julien, au IVe siècle. Les religieuses de cette maison, au nombre de quarante dames professes et de quarante converses, appartenaient toutes à des familles nobles et distinguées. Ce monastère fut plusieurs fois ruiné par les Espagnols et les Anglais. On admirait la magnificence de la maison abbatiale reconstruite au XVIIIe siècle, par les soins d'Eléonore de Rohan. Il avait des possessions considérables, et en 1772, son revenu s'élevait à plus de cent mille livres. Néanmoins on ne le porte plus qu'à douze mille livres en 1782, sous la commende de N*** de Narbonne-Lara. Dans le principe, il n'y avait à Origny qu'une communauté de moines, du nom de Saint-Vaast : ces chanoines se perpétuèrent ensuite auprès et sous une espèce de dépendance de la puissante abbaye.

annuellement huit rez d'avoine à sa terre de C. Le 8 janvier 1460, il transige avec Jean Tassart, dit Gavin, écuyer et son parent ; et affranchit sa maison de la banalité de son four, moyennant un chapon, au jour de Saint Etienne. Cette transaction, où Gilles est qualifié du titre d'écuyer, fut passée à Saint-Quentin pardevant Antoine de Wailly, tabellion en cette ville (1).

Gilles Ier, écuyer, seigneur de C. Marteville, Vendelle, Jeancourt, Verchy, Trefcon et Tombes (2) avait épousé, en 1445, Isabelle (Elisabeth) Le Catte dont il eut les enfants qui suivent.

VIIe Génération.

1° Mayot de C. morte sans postérité.

2° Isabelle de C. mariée vers 1465 à Jacques de Bos-Raoulin, dit d'Arly.

3° Jeanne-Marie de C. épousa, le 9 août 1462, Jacques de Monsures, dit Maillard, fils du seigneur de Monsures et de Jeanne de Saint-Remy (3). Le contrat de mariage fut passé devant Jean de Callemont et Robert-Begent, auditeurs royaux à Amiens. Ce qui résulte de diverses transactions qui ont eu lieu, entre les enfants après la mort de Gilles et d'Isabelle, pardevant Antoine de Wailly, Le Fournier, notaires, et Michel d'Y, prévost à Saint-Quentin, le 1er février 1471 et le 26 février 1475.

4° Jean III de C., l'aîné, écuyer, seigneur de C. Marteville, Vendelle, et Jeancourt en partie, épouse Jeanne Le Vasseur, en 1480. Le 15 novembre de la même année, il acquit la terre et seigneurie de Bihécourt de Jean de Pinchehaste, dit Gringhard de

---

(1) Nobiliaire de Rousseville. — Colliette, t. III. p. 295.

(2) Ancien village entièrement disparu qui se trouvait entre Lanchy et Beauvois (Aisne).

(3) Anciennes et nobles familles de Picardie.

Landy-Fay (1). Du mariage de Jean III de C. avec Jeanne Le Vasseur sont issus les trois filles et les trois garçons qui vont suivre.

VIIIe Génération.

1° Philippine de C. mariée à Louis de Billy (2).

2° Jeanne de C. qui s'allia à Louis de Hangest, seigneur d'Argent-lieu (3).

3° Marie de C. eut pour mari Jean de Sept-Fontaines, écuyer (4).

4° Gilles de C. épouse Antoinette de Sept-Fontaines, et devient seigneur particulier de Marteville.

5° Antoine de C. fut un des religieux les plus remarquables de l'abbaye de Corbie. Il naquit en 1482 et entra assez jeune dans ce monastère dont son oncle maternel Rénauld, où Gilles Le Vasseur, occupait la charge de trésorier. A l'âge de huit ans, il est reçu lui quatrième en qualité de novice ; et plus tard, de ses trois compagnons, deux moururent encore enfants, comme il l'énonce lui-même : *ii duo obierunt in pueritiâ*. Dès lors il étudie et observe

---

(1) Dans un relief du 16 novembre 1504 donné au Chapitre de Reims par Antoine d'Estrées, chevalier, il est fait mention de terres à Ennemain, seigneurie dudit Chapitre, appartenant à Regnault de Caulincourt et à Grignard de Landre-Fay.

(2) Famille célèbre du Laonnais, originaire de Guise, qui avait son château à Anisy. Geoffroy II de Billy fut évêque de Laon en 1601. Il avait deux frères également distingués par leur science et leur piété.

(3) Hangest, maison considérable de Picardie. Albert de Hangest paraît comme chevalier du Vermandois à la bataille de Bouvines ; et Aubert de Hangest à celle de Taillebourg, en 1242. Le sieur de Hangest figure au Tournoi de Ham, en 1278. En 1407, le sire de Hangest et Davenescourt était Grand-Maître des Arbalétriers de France. En 1501, Charles de Hangest, seigneur de Genlis, et en 1525, Jean III de Hangest de Genlis furent successivement évêques de Noyon. Argent-lieu était un Château-Fort du Beauvoisis.

(4) Sept-Fontaines seigneurie importante près de Mézières en Ardennes.

avec une attention extraordinaire tous les faits qui vont se développer sous ses yeux et qu'il a consignés dans un ouvrage important intitulé : *Chronicon Corbiense ab anno* 662 *ad annum* 1529, manuscrit précieux in-folio qu'on retrouve encore à la bibliothèque royale et à celle d'Amiens, d'après le témoignage de M. Garnier qui a consacré une notice biographique fort étendue à ce savant écrivain (1). Antoine de C. fut tonsuré par l'évêque de Nazareth, suffragant de Beauvais en 1495 ; ordonné sous-diacre dans le chœur de l'église de Corbie en 1499, puis diacre, à Carlepont, (2) par l'évêque de Noyon ; et enfin reçu à la profession religieuse par l'abbé d'Ottreil. Après avoir fait son cours d'humanités au collége d'Amiens, de 1496 à 1499, il fut envoyé à Paris pour y compléter ses études auprès de son oncle, Jean Le Vasseur, professeur de théologie, docteur de l'église de Paris et suffragant de Philippe de Luxembourg, évêque des Morins. En 1503, l'évêque de Noyon lui conféra la prêtrise ; mais il ne put encore dire la messe, parcequ'il n'avait point l'âge requis par les Canons. Dix-neuf mois seulement après son ordination, il obtint cette faveur par une dispense d'âge que lui accorda l'archevêque de Rouen, Georges d'Amboise, en qualité de légat du Saint-Siége. Dès lors s'ouvre devant lui la carrière des dignités de son abbaye qu'il obtient successivement, depuis celle de maître des novices jusqu'à celle d'official dont il était revêtu, au moment de sa mort en 1540.

Antoine de C. ne se distingua point seulement comme annaliste judicieux, exact, impartial et écrivain laborieux, mais encore comme religieux sévère, indépendant et courageux pour soutenir

(1) *Bulletin de la Société des Antiquaires de Picardie*, tome VI, page 322. Chose étonnante ! les généalogistes de la maison de C. ne font aucune mention de cet illustre personnage qui lui appartenait incontestablement par sa mère Jeanne Le Vasseur. L'aurait-on supprimé dans la suite, lorsque Jean V de C. embrassa la religion réformée ?

(2) Carlepont ancienne maison de plaisance des évêques de Noyon !

les droits et prérogatives de sa maison et de son ordre, surtout à cette époque si difficile des Commendes que l'Etat voulait imposer aux abbayes. Cocquelin, dans son catalogue des hommes illustres du monastère de Corbie, le qualifie, ajoute M. Garnier, de *vir pius ac doctus;* et lui attribue un grand nombre d'écrits : *multa scripsit.* Dans la liste des officiaux, il le désigne : *loco nobili natus, vir doctus et de suo monasterio benè meritus.* Enfin à l'article *Academia*, il dit : *plures tractatus edidit maximè chartas genealogicas omnium regum et principum Europœ, vulgavitque gesta abbatum monasterii ; de sacris reliquiis tractatum fecit et de multis aliis, etc.*

De toutes ses œuvres il ne reste que la fameuse chronique de Corbie, de 662 à 1529, qui seule peut suffire à sa légitime illustration.

6° Jean IV de C. né en 1480, seigneur comme les précédents. Il épousa 1° Louise d'Azincourt (1) fille puînée d'Adrien d'Azincourt, chevalier, seigneur de Wargenies, Bellestre, de la vicomté de Domart, et de Iolende de Longueval (2). Le contrat de mariage fut passé le 8 janvier 1504 devant Jacques Crétu et Jean Ducloy, notaires dans la ville d'Amiens ; et 2° Jeanne de Moï (3), fille d'Antoine de Moï, et de Dame de Saint-Blaise.

Voici l'exposé sommaire de la mort violente et prématurée de ce seigneur, d'après le récit plus étendu qu'on en trouve aux archives mêmes du château de Caulincourt.

Dans les commencements du XVIe siècle, Jean Quivru, archer des ordonnances du roi, sous la charge de Monseigneur le duc de

---

(1) Azincourt famille éteinte : seigneurs connus dès le XIIIe siècle. Deux d'entre eux moururent glorieusement à la funeste bataille de ce nom, en 1415.

(2) Ancienne et illustre maison de Picardie, près Péronne : on en trouve la monographie dans le 2e volume de l'*Histoire de cet arrondissement*, page 69 à 75.

(3) Moï domaine du Vermandois, avec château-fort, antérieur au XIIe siècle. Plusieurs chevaliers, de ce nom, trouvèrent aussi une mort glorieuse à Azincourt.

Vendôme, demeurait à Saint-Quentin. Il eut un démêlé, dont on ignore le sujet, avec Jean IV de C. et l'assassina dans l'église même de Saint-André de cette ville. Sa mère, Jeanne Le Vasseur, veuve alors de Jean III, conjointement avec Gilles de C. seigneur de Marteville et Jean V de C. son petit-fils, réclamèrent devant la justice le châtiment du coupable ; mais il obtint sa grâce, par faveur, du roi François Ier. Ses lettres de rémission furent adressées, pour être entérinées, à Jean Dubois, lieutenant-général au bailliage de Noyon. Ce juge les fulmina sous les clauses suivantes :

« Ledit Quivru a été condamné de comparoître en l'audience, » nue tête, à genoux, tenant une torche de cire ardente ; et là » demander pardon à Dieu, à justice et aux défendeurs, pour » l'homicide par lui commis audit Jean de Caulincourt. Ce fait, » de porter ladite torche ardente devant l'église de Saint-Martin » de Noyon, et demander pardon à Dieu et à Justice dudit » homicide.... de faire, à ses dépens, au cimetière du couvent des » Cordeliers de Saint-Quentin, où ledit Jean de Caulincourt est » inhumé, une croix de pierre sur laquelle sera inscrite la cause » pour laquelle elle aura été faite, afin de perpétuelle mémoire.... » de faire faire, par un homme d'église suffisant, un pélerinage à » Monseigneur Saint-Jacques de Compostelle.... de faire voyage » en personne à Monseigneur Saint-Claude.... un autre voyage » à Monseigneur Saint-Nicolas de Warangeville, un autre voyage » à Notre-Dame-des-Haults. Et, à chacun desdits lieux, faire dire » une messe solennelle pour l'âme dudit défunt, et du tout » rapporter certificat.... de payer annuellement six livres de » redevance en bonne assiette d'héritages, pour être employées » à la fondation d'une messe perpétuellement et à toujours, par » chacune semaine, à tels lieux que bon semblera auxdits sieurs » et dames de Caulincourt.... de payer 200 livres tournois de » dommages et intérêts.... Et finalement enjoint audit Jean » Quivru de ne porter bâton en présence desdits sieurs de

» Caulincourt, ni se trouver devant eux en tels lieux où ils » pourraient être ; et s'il s'y trouvait, se retirer en arrière, pour » leur ôter le renouvellement du meurtre par lui commis.... »

La présente sentence d'entérinement fut prononcée le dernier jour de mai 1518 (1).

Jean IV avait eu de sa première femme seulement les quatre enfants qui suivent.

IXe Génération.

1° Marie de C. mariée à Jean de Boubers (2) seigneur de Ribeaucourt, le 16 octobre 1528.

2° Le Bâtard de C. lieutenant de la gouvernance de Lille, fils naturel de Jean IV.

3° Jacques de C. épousa Jeanne de La Haye qui lui apporta en dot la seigneurie de Warcy, Teneur, etc. en Artois sur la Ternoise. Il mourut en 1580, et sa femme en 1585.

4° Jean V de C. fut marié, le 4 août 1531, à Françoise du Biez, fille de Jean du Biez, seigneur de Bécond, Greux et Trois Marquez en Boulonnais. Le contrat de mariage fut passé à Boulogne-en-Artois pardevant Valerand Vocron et Valerand Fournel, notaires ; et en présence de : 1° Jean de Boubers, seigneur de Ribeaucourt, son beau-frère ; 2° Quentin de Gourlay, écuyer, seigneur d'Agnicourt, etc., son cousin-germain ; 3° Messire Oudard du Biez, chevalier, seigneur du Biez, d'Escœulles, d'Araines, d'Arguelles et d'Osonnes, baron de Nielles, conseiller du roi, sénéchal et gouverneur du Boulonnais, capitaine des ville et château de Boulogne et de cinquante hommes du roi, cousin-germain du sieur de Bécond, etc.

---

(1) Voir aussi *Colliette*, tome III, page 299.

(2) Célèbre famille de Picardie, tirant son origine des comtes de Ponthieu. Girard de Boubers figura au tournoi de Ham en 1278.

En 1556, Jean V de C. comparut, par procureur, à Reims pour la rédaction de la coutume de Vermandois, en sa qualité de seigneur de Caulincourt, Tombes, Vercy, Viencourt, etc. (1).

En 1557, pendant le siége de Saint-Quentin, Jean V se distingua par son courage à seconder les efforts de l'amiral de Coligny, et se montra au nombre des braves défenseurs de cette ville. On lit en effet dans l'histoire de du Thou, dans celle de Saint-Quentin par Hordreh et dans plusieurs autres : qu'en 1557, Coligny, pour raffermir le courage des assiégés, donna ordre à de Caulincourt et à d'Amerval, gentilshommes de la meilleure noblesse de la frontière, de faire armer les paysans des bourgades voisines qui s'étaient réfugiés dans la ville, et de les faire marcher à travers les rues avec des enseignes. Jean V de C., ajoute Colliette, leva à ses dépens une compagnie de deux cents hommes qu'il réussit à introduire dans la place. Enfin, pour omettre d'autres témoignages, Quentin de La Fons, dans son histoire manuscrite de Saint-Quentin, rapporte expressément que : l'amiral, afin d'encourager davantage les assiégés, forma deux nouvelles compagnies avec des hommes de la frontière qui se trouvaient dans la ville, donnant la charge de l'une au seigneur de Caulincourt, et de l'autre, au sieur d'Amerval ; puis il leur assigna incontinent leurs quartiers, comme à toutes les autres compagnies.

Aussi, quoiqu'il eut embrassé la religion réformée, Jean V fut-il l'objet de faveurs particulières de la part du roi Henri II. En récompense de ses services pendant le siége de Saint-Quentin, ce prince lui accorda, par lettres-patentes du 19 novembre 1557, la franchise d'entrée et sortie du royaume des blés, vins et autres marchandises non prohibées, pour les faire conduire par terre et par mer dans les Pays-Bas soumis à l'Espagne. Ce droit de franchise, si avantageux pour les Caulincourt, a été en vigueur

---

(1) De Thou, tom. 3. ann. 1556.

jusqu'en 1725, époque de sa suppression : il comprenait jusqu'à mille pièces de vin, etc.

Le titre même de ce privilége est encore conservé aux archives du château de Caulincourt, d'où sont également extraites les deux lettres suivantes que, dans cette honorable circonstance, le roi Henri II et la reine Catherine de Médicis ont écrites de Saint-Germain à Jean de Caulincourt.

« Mons. de Caulincourt, j'ai entendu que vous et vos amis » m'avez fait de très-signalés et utiles services pour deffendre ce » pays de Vermandois contre l'effort et la puissance des ennemis » de mon royaume, en quoi vous avez acquis une très-grande » gloire et de moi un gré perdurable ; et suis très marry de ce » que l'état présent de mes affaires ne me permet de le reconnoître, » à cette heure, selon votre mérite et mon désir. Mais l'avan- » tage que mes ennemis ont eu sur moi n'est pas si grand » que je n'ai bonne espérance, avec l'aide de Dieu, d'en avoir de » brief ma revanche et de pouvoir vous récompenser de façon » qu'ayez toute occasion de vous en louer. Quoi en attendant, je » vous prie et vosdits amis vous contenter de ma bonne volonté, » et continuer à vous employer pour mon service, et à maintenir en » leur devoir mes sujets, tant de la noblesse que autres qui vous » sont voisins, leur faisant savoir que je fais état de délivrer » promptement le pays desdits ennemis, et que je m'assure que » tous mes bons serviteurs s'y emploieront vertueusement avec » moi. A tant je prierai Dieu Mons. de Caulincourt qu'il vous ait » en sa sainte garde. Ecrit à Saint-Germain-en-Laye le 2e jour » d'octobre 1557. » « Signé : Henry, — et plus bas : Clausse. »

« Mons. de Caulincourt, le roy monseigneur est très-bien » informé du bon devoir et des très-notables efforts que vous et » les sieurs de Tramecourt et d'Amerval et autres vos bons » parens et amis avez faits pour éloigner les ennemis de ce » royaume, et conserver la ville de Saint-Quentin sous son » obéissance ; par quoi encore que la fortune soit de présent

» malheureuse, je ne veux faillir de vous assurer l'extrême » contentement que j'ai eu de ce témoignage de votre affection au » service du roy, mondit seigneur, espérant que l'aide de Dieu et » la vertu et valeur des bons serviteurs tels que vous nous » donnera en bref consolation et reconfort : ce qui m'oblige vous » augmenter ma bonne volonté et afection et mon désir de » conforter celle du roy, mondit seigneur, en votre endroit, laquelle, » en toutes occasions qui se présenteront, je vous ferai connoître » par efet, comme le désire votre bonne amie.

« Signé : CATERINE. »

On trouve bien, il est vrai, dans les archives de l'abbaye de Corbie, un religieux, nommé Jean de Caulincourt, qui fut official de ce monastère, comme son grand-oncle rappelé plus haut ; néanmoins les généalogistes n'attribuent au célèbre Jean V. de C. que le seul enfant qui va suivre.

Xe Génération.

ROBERT Ier. DE C., seigneur dudit lieu, de Bihécourt, Tombes, Buverchy, etc. épousa, le 8 octobre 1571, Renée d'Ailly (1) héritière de Doncœur, fille de Robert d'Ailly et de Catherine de Saint-Remy. Le contrat fut passé à Boulogne-en-Artois, pardevant Waleran Blondin et Jean Brisset, notaires, et en présence de : 1° Jacques du Biez, chevalier, seigneur de Rocourt, d'Ignaucourt, etc., 2° Jean du Biez, chevalier, seigneur du Cauroy, etc., gentilshommes ordinaires de la maison du roy, ses oncles maternels. 3° Jean de Calonne, chevalier, seigneur et baron d'Arlembon, etc., et dame Catherine de Saint-Remy, sa femme, veuve

(1) Ailly, famille ancienne et distinguée de Picardie. Pierre d'Ailly, cardinal, était trésorier de la Sainte Chapelle. Les aînés de cette maison avaient le titre de Vidames d'Amiens.

de Robert d'Ailly et mère de Renée. 4° Louis de Belloy, seigneur en 1res noces de Landrethan, Ivren, etc. cousin issu-germain de l'épouse. 5° Guillaume de la Porte, écuyer, seigneur de Bernaville, etc., mari de Marguerite de Prouville, cousine germaine de Renée d'Ailly. — De ce mariage sont issus :

XIe Génération.

1° Claude de C. mort sans postérité : sage tuteur de Louis de C. son neveu.

2° Anne de C. mariée le 2 mars 1612, à Georges de Héricourt (1).

3° Catherine de C. alliée, le 5 février 1593, à Antoine de Gonnelieu, etc. Ces trois enfants ne laissèrent pas d'héritiers.

4° ROBERT II DE C. chevalier, seigneur dudit lieu, Verchy, Tombes, Bihécourt, Trefcon, Beauvois, Doncœur, Le Maisnil, etc. Le 21 septembre 1621, il épousa Marie d'Estourmel (2) fille de Louis d'Estourmel, chevalier, gentilhomme ordinaire de la chambre du roi, seigneur du Frétoy, Caudrure, Neufmisy, Mamecourt, etc., et de Françoise de Blanchefort. Témoins du contrat : 1° Charles de l'Epinoy, écuyer, seigneur de Bucy, etc. ; 2° Daniel de Hangest, chevalier, vicomte d'Argentlieu, etc., son cousin, gentilhomme ordinaire de la chambre du roi ; 3° Louis de Blécourt, chevalier, seigneur de Béthencourt, etc. et dame Charlotte de Gomer, son épouse ; 4° Charles de Blécourt, chevalier, seigneur de Curlu, etc. 5° Antoine d'Estourmel, oncle de l'épouse ; 6° Dame Gilberte de Blanchefort, sa tante maternelle ; 7° Dame de Bouillencourt, Gratibus, Malpart, etc., veuve de Jacques de Happlaincourt, chevalier, seigneur d'Hardecourt, gouverneur de Guise.

---

(1) Terre noble du Noyonnais. En 1400, Gui de Héricourt était Bailli du Vermandois.

(2) Estourmel. — Voir la notice historique sur cette maison, Péronne 1857 ; et l'histoire de cet arrondissement, t. Ier, p. 577 à 584.

Leurs deux enfants furent :

XIIe Génération.

1° Marie de C. mariée le 16 avril 1646, à Louis de Lameth. (1), chevalier, seigneur de Henancourt, Warloy, etc. Après sa mort, arrivée le 28 novembre 1656, son cœur fut transporté dans l'église de Caulincourt, son pays natal ; puis transféré en 1818 dans la chapelle castrale qui y fut reconstruite, comme le constate l'inscription qu'on y lit encore aujourd'hui (2).

2° Louis de C., chevalier, seigneur de C. Beauvois, Doncœur, Tincourt, Tombes, Verchy, Trefcon, Bihécourt, etc., trouva dans son oncle Claude un tuteur sage et éclairé qui l'éleva dans les principes de la religion catholique que Jean V; son aïeul, avait abandonnée. En 1643, il fut d'abord conseiller du Grand-Conseil; puis capitaine d'une compagnie de chevau-légers du duc d'Orléans.

Le 17 mars 1655, il épousa Elisabeth-Charlotte de Miée, fille de Philippe de Miée, chevalier, seigneur et baron de Guesprey, capitaine-lieutenant de la compagnie des gens-d'armes de feue la reine Marie de Médicis, et de Dame Charlotte de Morlet de Musseau. Le contrat de mariage fut passé devant François Le Sassier et Michel Le Tur, tabellions en la vicomté d'Argentan, publié au bailliage d'Alençon, et en présence des personnages qui suivent :

1° Le comte de Créqui, cousin de Louis de Caulincourt ;

---

(1) Lameth, famille issue de l'illustre maison de Neuville qui reçut en partage la terre de Lameth, située dans les Pays-Bas. Thibault de Lameth mourut glorieusement à Azincourt. Antoine de Lameth, premier écuyer de Charles-le-Téméraire, passa au service de Louis XI, et devint son chambellan. Il avait épousé la riche héritière de Hénencourt, où cette maison s'est perpétuée.

(2) Dans les Archives du collége Héraldique, etc à la date du 23 mars 1630, se trouve un acte de vente, dans la forêt de *Breulsecq*, faite par demoiselles Louise et Anne de Collincourt, filles de Natanel de Collincourt, écuyer, seigneur de l'Aulnoy, demeurant au château de Bournelles (Beauvoisis).

2° François de Miée, chevalier, seigneur de Chaperaunaire, oncle de l'épouse ;

3° Philippe de Béthune, chevalier, vicomte de Meaux, époux de Dame Geneviève de Miée, sœur aînée de l'épouse ;

4° Charles de Morlet de Musseau, chevalier, seigneur de Garennes, Rebect, etc...

5° Nicolas Le Normand, chevalier, seigneur de Beaumont, maréchal-de-camp des armées du roy et bailly du palais ;

6° Louis Le Normand, chevalier, seigneur de Beaumont, cornette blanche, premier tranchant de la maison du roy, capitaine de Saint-Germain-en-Laye ; ses cousins-germains.

7° Pierre de Bessenrade, chevalier, seigneur de La Motte et d'Argentan, son cousin issu de germain.

Ils eurent les quatre fils qui suivent :

XIIIe Génération.

1° Louis-Alexandre de C. mort sans postérité.

2° Louis de C., capitaine de dragons, fixé en Normandie depuis le 28 juillet 1710.

3° Charles de C. qui, encore célibataire, mourut glorieusement, à côté du roi, pendant le siége de Maëstricht, en 1673.

4° François-Armand de C., chevalier, seigneur de C. Doncœur, Beauvois, Trefcon, Bihécourt, Le Ry, la Chaponnière et autres lieux, marié, le 10 juin 1689, à Françoise de Béthune (1) fille de Maximilien-Alpin, chevalier, marquis de Béthune, seigneur de Montigny, Nogent, Lillebon, etc. et de Catherine de La Porte, son épouse de lui séparée de biens et d'habitation. Le contrat eut lieu à Paris, devant Comblot et Couvreur, notaires, et en présence de dame Geneviève de Miée, tante maternelle, tutrice de

---

(1) Béthune, famille ancienne et distinguée de l'Artois. Le grand Sully, duc de Béthune, donna un nouvel éclat à cette maison qui avait figuré à toutes les croisades.

François-Armand, et veuve de Philippe de Béthune, chevalier et vicomte de Meaux.

C'est en faveur de François-Armand que la chatellenie de C. fut érigée en marquisat par lettres-patentes de décembre 1714. Après de longs et honorables services dans la carrière des armes, ce seigneur se reposait sur ses lauriers dans son château de C. lorsqu'il prit à son service le jeune Martin Camus, de Beauvois, dont l'instruction avait été si prodigieuse et qui, après sa mort, devint, à Hallu-en-Santerre, le plus célèbre maître d'école du XVIIIe siècle, comme le constate sa Biographie publiée dans la Revue *La Picardie* (1).

De ces époux sont issus :

XIVe Génération.

1° Geneviève-Angélique de C. mariée, le 17 juin 1719, à Hyacinthe Blondel (2) baron de Drouhot, etc ..

2° Marguerite-Angélique de C. qui épousa Jean d'Hadoire d'une famille noble et distinguée de l'Irlande.

3° Louis-Armand de C., marquis et seigneur, comme son père, obtint un nouvel accroissement de ses possessions par son mariage, en date du 1er juillet 1716, avec Gabrielle-Pélagie de Bovelles (3), petite-nièce du savant Charles de Bovelles, fille unique et héritière de François de Bovelles, seigneur d'Eppeville, Verlaines, Muille, Coupe-Voie, Aubigny-Planques, etc., et de Marie Hurault de Venil (alibi Verdier).

Cette nouvelle importance, en effet, se révèle déjà dans leurs six enfants qui suivent.

---

(1) Numéro de janvier 1868, chez Lenoel-Herouart, Amiens.

(2) Blondel, famille noble dont l'un des membres est signalé au nombre des chevaliers du fameux Tournoi d'Anchin-en-Artois. Guillaume Blondel était bailli du Vermandois, en 1356.

(3) Bovelles, famille distinguée du Vermandois, rappelée aux articles : Eppeville, Ennemain, Sancourt, Bernes, etc. du 2e vol. *Histoire de l'arrondissement de Péronne*, 1869.

XVe Génération.

1° Gabriel-Hyacinthe de C., né le 3 février 1722, mort sans postérité.

2° Geneviève de C., mariée en 1756, au comte d'Aumale, etc.

3° Marguerite de C., item, en 1758, au marquis de Brantes, etc.

4° Marie-Antoinette de C., item, en 1757, à M. Durfort, etc.

5° Jacques-Joseph de C., exempt des gardes-du-corps, sans alliance.

6° Marc-Louis de C., chevalier, marquis et seigneur de Caulincourt, Verchi, Trefcon, Bihécourt, Tombes, Beauvois, Tertry, fief de Faucompré dans Roupy, Aubigny-Planques, fiefs des Bois, des Aulnois, du Quesnoy et d'Eppeville en partie, etc. était Grand-Bouteiller héréditaire de l'abbaye Saint-Denis en France.

Le 27 octobre 1739, il épousa Henriette d'Hervilly, de la célèbre famille picarde de ce nom (1).

Ils eurent pour fils unique :

XVIe Génération.

Louis-Gabriel de C., né à l'Echelle, le 15 novembre 1740. D'après la Biographie de Michaud, Louis-Gabriel, marquis de C. fut d'abord capitaine des cuirassiers, maréchal-de-camp des armées du roi en 1788, et employé au gouvernement militaire de l'Artois. Il devint dans la suite comte de l'Empire, sénateur, membre de la légion d'honneur et président du collége électoral du département de l'Aisne. Après sa mort à Paris, le 28 octobre 1808, son corps fut transporté au Panthéon, le 31 du même mois, et son cœur dans l'église de Caulincourt, comme celui de son épouse qui lui survécut jusqu'au 17 janvier 1830.

---

(1) Hervilly, voir les articles : Estrées-Deniécourt, Devise et Hervilly, tomes Ier et IIe de l'*Histoire de l'arrondissement de Péronne*, 1869.

De cette épouse, Anne-Joséphine Barandier de la Chaussée d'Eu, il avait eu les deux fils suivants qui ont élevé la maison de C. à son apogée de gloire et de prospérité.

XVIIe Génération.

1° Auguste-Jean-Gabriel, comte de C., général de division, commandant de la Légion d'honneur, grand-Croix de l'Ordre de la Réunion, etc., etc... né à C. le 16 septembre 1777, et mort glorieusement à la célèbre bataille de la Moskowa, le 7 septembre 1812.

Il se distingua particulièrement :

Au passage du Tage, au pont de l'Arzo-Brispo, le 8 août 1809, sous les yeux des maréchaux, ducs de Dalmatie, de Trévise et d'Elchingen.

Moniteur du 27 septembre 1809.

« Le général de C., à la tête des 18 et 19e régiments de dragons, traversa le Tage, malgré la mousqueterie, la mitraille et les boulets que l'ennemi, six fois plus fort que cette brigade, fesait pleuvoir de la rive droite. Le choc fut terrible ; mais ce général manœuvra avec tant d'habileté, que l'ennemi fut culbuté. Le général C. a montré dans cette affaire autant de sang-froid que de valeur ; et prouvé qu'il était un des officiers les plus valeureux des armées françaises. »

18e Bulletin de la grande armée (Mojaïsk 10 septembre 1812).

« Le général de division, comte de C. commandant le deuxième corps de cavalerie, composé des divisions de France, Watier et Pajol, se porta à la tête du cinquième régiment de cuirassiers ; culbuta tout ; entra dans la redoute de gauche par la gorge... dès ce moment la bataille est gagnée. Le comte de C. qui vient de se distinguer par cette belle charge avait terminé ses destinées ; il tombe mort frappé par un boulet : mort glorieuse et digne d'envie !... »

« C'est ainsi, ajoute le même Bulletin, que ce héros, digne de la valeur de ses ancêtres, termina son honorable et utile carrière par un concours puissant à la célèbre victoire de la Moskowa, cette page illustre de notre histoire contemporaine, où le nom du général C. est gravé en caractères glorieux et immortels ! »

Le cœur de ce grand guerrier fut rapporté dans la chapelle castrale de Caulincourt, où son épitaphe a consacré le souvenir de ses exploits.

Les descendants du célèbre comte de Caulincourt sont fixés depuis assez longtemps dans la ville de Lille, et ont conservé de riches propriétés dans notre pays, surtout dans le canton de Combles, arrondissement de Péronne.

A défaut d'héritiers masculins dans la branche aînée qui va suivre, le titre de duc de Vicence ne sera-t-il pas reporté sur cette branche cadette des comtes de Caulincourt ?

2° Armand-Augustin-Louis, marquis de Caulincourt, puis duc de Vicence, dit le grand duc.

Il naquit à Caulincourt, le 10 décembre 1773, et mourut à Paris, le 19 février 1827.

Le marquis de C. duc de Vicence Ier, a joué un grand rôle ; est devenu un personnage important, historique même, sous le premier Empire ; et a répandu une gloire imprescriptible sur sa famille et son pays natal.

Après avoir servi avec distinction dans les armées de la République, il fut envoyé (1800) en mission à Saint-Pétersbourg où il ne resta que six mois. Il y retourna avec le titre d'ambassadeur extraordinaire, de 1807 à 1811. Son courage comme militaire, ses talents comme législateur, son habileté comme diplomate, et surtout ses rares qualités de l'esprit et du cœur, lui avaient mérité la confiance absolue de l'empereur Napoléon Ier. Aussi, aux titres de lieutenant-général, d'aide-de-camp de l'empereur, de grand-écuyer de France, le vit-on réunir ceux de sénateur, de duc de Vicence (1806), de ministre des relations extérieures et de plénipotentiaire à trois congrés, comme dans toutes les négociations qui eurent lieu, de 1813 à 1814, pour amener la conclusion de la paix avec l'Europe.

Ses nombreuses décorations de Grand-Croix de la légion d'honneur, de chevalier des ordres : de Saint-André de Russie, de Léopold d'Autriche, de Saint-Hubert de Bavière, de la Fidélité de Bade, de la Couronne verte de Saxe, de Saint-Joseph de Wurtzbourg, etc., sont des preuves incontestables de la haute estime que lui avait acquise son mérite, non-seulement en France, mais encore chez les nations étrangères.

Après la chute de Napoléon Ier, il demeura constamment fidèle à ses sentiments d'affection, de reconnaissance, pour cet empereur ; et se retira dans sa terre de Caulincourt, pour s'y reposer, à l'ombre de ses lauriers. Il y consacra les dernières années de sa belle et utile existence à l'embellissement de son habitation seigneuriale, aux œuvres de la bienfaisance dont le pays conserve le précieux souvenir, et surtout au bonheur de sa famille et à l'éducation de ses deux fils auxquels il a laissé l'héritage d'un nom glorieux et honorable, et d'une maison élevée au plus haut degré de grandeur et de prospérité !

Dans ces derniers temps, des historiens graves et recommandables ont justifié sa mémoire d'une imputation, bien opposée d'ailleurs aux nobles et généreux sentiments de son cœur.

Armand-Augustin-Louis, duc de Vicence Ier, avait épousé dame Adrienne-Hervé-Louise de Carbonnel de Canisy, née au ministère de la guerre en 1785 et veuve, en premières noces, du marquis de Canisy, son cousin-germain, dont elle avait eu Emma de Canisy qui fut mariée à M. de Villeneuve-Bargemont. La duchesse douairière de Vicence, après avoir été dame d'honneur de l'Impératrice Marie-Louise, a survécu à son illustre époux dont elle avait eu deux fils seulement. La Providence lui accorde le bienfait d'une longue et paisible carrière où elle perpétue le souvenir de l'affabilité et de la bienfaisance qui ont toujours distingué l'ancienne et véritable noblesse.

XVIIe Génération.

1° M. le marquis de C., mort à Rome, en 1865, sans postérité, après avoir servi avec distinction dans l'armée d'Afrique et rempli le mandat de député au Corps-Législatif.

2° Le fils aîné, M. Armand-Alexandre-Joseph-Adrien de C., duc de Vicence II, eut les titres de sénateur, président du Conseil général de la Somme et officier de la légion d'honneur, etc. De son mariage avec dame Louise-Adrienne-Marguerite Perrin de Cypierre il n'a eu que trois demoiselles (1) par lesquelles, suivant l'usage héraldique, les ducs de Vicence ne sauraient se perpétuer.

Puisse cette simple Notice devenir un monument historique pour la commune de Caulincourt, et consacrer le souvenir de la famille de ce nom qui a répandu une si grande illustration sur le pays (2) !

---

(1) En juillet 1872, l'aînée, Mlle Adrienne de C. de Vicence, a épousé M. le comte d'Espeuilles, secrétaire d'ambassade.

(2) Au sujet du domaine voisin de Beauvois-le-Lobardois, possédé de longue date par les seigneurs de Caulincourt, on trouve aux archives nationales (page 135, n° 376) un dénombrement plein d'intérêt de 1373 qui commence ainsi : « Chest ce que je Jehanne de Biauvoir, damoiselle de » Dancourt, vefve de feu Jehan de Biauvoir dit Roiart, escuier... ayant le » bail (tutelle) et administration... de Raoulin et Beatris, nos enfans, tieng et » adveu a tenir en fief du roy nostre sire... Première VIII journaulx de terre » au fossé derrière le moustier de Biauvoir tenant aux terres de Vermand.. » Ce moustier est sans doute l'établissement religieux que le Pouillé de l'Archevêché de Reims (1648) désigne sous le nom d'Hospital de Beauvois, d'un revenu de 1600 livres ?

AMIENS. IMP. DE LENOEL-HEROUART.

www.ingramcontent.com/pod-product-compliance
Ingram Content Group UK Ltd.
Pitfield, Milton Keynes, MK11 3LW, UK
UKHW032024260826
14628UKWH00006B/2697

9 782019 182793